Fotógrafo del alma

Fotógrafo del alma

Robertico García Lajero

Asociación
Literaria
Alfonso
Camín

Fotógrafo del alma
Primera edición, 2018

Edición: *Víctor Puertodán*
Composición: William Tejeda Enríquez

Imagen para cubierta:
Milay Gómez Rodríguez (Mila)

© Robertico García *Bermúdez*, 2018
© Asociación Alfonso Camín, 2018

ISBN: 13: 978-1722892074

Miami, Florida, EE.UU.
Asociación Literaria Alfonso Camín

Alguien hizo que el vacío

Alguien hizo que el vacío
del espacio se poblara,
y fotografió esta cara
de hombre con que me sonrío.
¿Quién le da el poder al río
para que fecunde y mueva
la madre de agua que lleva?
¡Alguien! Si no fuera así,
hoy yo no estuviera aquí
con una esperanza nueva.

Robertico García

Agradecimientos

Ante todo agradezco a Dios por la vida, el amor, la salud, mis hijos, a mis padres por traerme al mundo con su amor infinito y a la familia en general.

Al maestro primero, René Madrazo, poeta Lajero, y a mis hermanos poetas, Rogelio, Ricardo y Reinaldo García, tremendos repentistas, fuentes sanguíneas de motivación.
A mi abuela Orfelina Espín que me enseñó la primera cuarteta a los 4 años, y me sigue alumbrando desde las tibias estrellas.

Agradezco especialmente al poeta, escritor, crítico literario e investigador Víctor Puertodán, por su trabajo profundo, sincero y profesional en la ordenación de este libro, y al poeta William Tejeda (Wilo) por su apoyo y colaboración para que este trabajo salga a la luz. Le doy gracias a Dios por tener este par de amigos, hermanos poetas, donde el hombre y la poesía tienen la misma estatura.

Y un agradecimiento sublime para mí esposa Joanna, por su paciencia y ternura que permiten que las musas me sigan visitando.

Prólogo

Introducción - La Espinela en Cuba - Los inicios cubanos

La colonización española comienza en los albores de la segunda década del siglo XVI, al llegar Diego Velázquez a Cuba como Adelantado y Teniente del Virrey de la Española. Por aquellos tiempos en España abundaban las coplas octosílabas. Y la Décima, aún bastante imprecisa, era herramienta cotidiana de muchos trovadores cortesanos. Antes de terminarse el siglo XVI, ya empezaba a imponer su prestigio la Espinela o Décima. Pero ésta no se hizo notar en Cuba sino dentro del siglo XVIII, cuando las letras hispano-americanas contaban, desde el siglo anterior, con figuras como Alarcón y Sor Juana que cultivaron la combinación estrófica llamada a conquistar, en su nuevo ambiente, una amplísima popularidad. Es este siglo XVIII, en que la Espinela entra en la literatura cubana, partiendo del modelo traído por los españoles, y desde entonces, digamos, la estrofa se fue aclimatando a la isla.

A partir de aquí hablaremos de Décima, que es como popularmente se conoce a la Espinela. El encuentro de Lope de Vega (Madrid, 25 de noviembre de 1562-ibidem, 27 de agosto de 1635, fue uno de los poetas y dramaturgos más importantes del Siglo de Oro español y, por la extensión de su obra, uno de los autores más prolíficos de la literatura universal), con un tipo de estrofa octosílaba de diez versos existente en las "Diversas rimas", libro de Vicente Espinel editado en 1591, le produjo una impresión tan profunda y agradable (la colocación de las rimas en el esquema: abbaaccddc), que lo movió a prodigarle alabanzas y, sobre todo, a ponerla en práctica en su propia obra. En su "Laurel de Apolo", al referirse a la Décima, Lope mostró su total simpatía de este modo: "Pues en Espinel es justo que se llamen y que su nombre eternamente aclamen". Y también aclaró en "Circe": "No parezca novedad llamar espinelas a las décimas, que éste es su verdadero nombre, derivado de Espinel, su primer inventor."

La Décima llega a Cuba y se impone, entre otros factores, porque su métrica, su ritmo y sus pausas, se ajustan perfectamente a las exigencias de las melodías ya asimiladas por el pueblo cubano. En las últimas décadas del siglo XVIII, a los nacidos en Cuba dejaron de interesarles los asuntos que se trataban en los romances, coplas y cantares que aprendieron de sus abuelos, creados en otras tierras. Estos trovadores y poetas sintieron la necesidad de cantar las cosas de su tierra y de su gente, con las particularidades del habla criolla, con la luz y el color de su paisaje.

El campesino cubano es profundamente sensible a las manifestaciones artísticas, con un acercamiento especial a la música y a la poesía, y el pueblo cubano realizó un proceso de síntesis, de avenencia a los elementos culturales hispánicos, de tal modo que, a través de cinco siglos, las décimas han permanecido como parte de la identidad nacional... Tanto en el siglo XIX como en el XX, el pueblo cubano conserva en todo su vigor la costumbre de las controversias cantadas, cuyo origen está, sin duda, en las antiguas disputas versificadas en España, con raíces en la literatura latina y la poesía árabe. Las polémicas que se abordan en las controversias recuerdan las más arraigadas por la tradición española con ciertas derivaciones en la esencia cubana: el hombre y la mujer, el soltero y el casado, el dinero y el amor, las rubias y las trigueñas, la ceiba y la palma, el bando azul y el bando rojo; en fin, todo tema que pueda dividirse en dos partes antagónicas. De esa tradición oral campesina se ha nutrido Robertico García. Conocedor de la esencia guajira, desde su querida Santa Isabel de las Lajas, le sedujo desde niño el laúd, la tonada, el tiple y la clave, y sobre todo, la Décima. Nació, se crío y creció en un bohío, en las mañanas tropicales, en los atardecer rojos y azulosos, y en los encantamientos de una canción o una tonada bajo el manto de estrellas de las noches cubanas.

Robertico García Lajero – Poeta e improvisador – Fotógrafo del Alma

El poemario que en estas líneas prologamos consta de 64 poemas (217 décimas, incluyendo la décima inicial), dividido en los siguientes temas: *Pórtico*; *Metáforas Orgánicas*; *En el cuerpo de la idea*; *La Improvisación*; *Acuarelas*; y *Lentes*.

El tema *Pórtico* muestra como primer poema *La Décima*, que consta de 6 estrofas y donde el poeta la enaltece, la pinta y le ofrece su tributo: *La Décima es un viajero/ con un jolongo de auroras...* y después nos ofrece *La Décima y yo*, poema de sincera intimidad, donde la estrofa y el poeta parecen fundirse en un símbolo de canto, en una consecución de la tradición poética cubana.

Metáforas Orgánicas

Los poemas de este conjunto armonizan lo que podríamos llamar "la poética" de Robertico García, títulos como: _Poesía; Cervantes y El Quijote;_ y _El libro,_ catalogan los principios creativos de su ejercicio poético, los ejes y espacios donde el poeta frecuenta su intención de re-crear la palabra, hallarla, concebirla nuevamente. Después aparecen dentro de _Metáforas Orgánicas,_ poemas como: _El Agua; El Mar; El Río,_ que partiendo del origen líquido, realzan el misterio humano: _En una ilusión extraña/ el agua en limpio revuelo..._
A continuación dos poemas que enmarcan lo inmaterial, pero que a la vez son factores íntimamente ligados a la existencia humana: _El Viento_ y _El Invierno._ Los dos poemas siguientes, ya en el orden, digamos, de lo material, abarcan dos polos bastantes separados en cuanto al marco espacial, pero eternamente humanos: _La Luna_ y _El Perro,_ para entonces cerrar el tema, con dos títulos que ya se adentran en el mundo psicológico y espiritual del ser humano: _La Locura_ y _La Envidia._ Logra Robertico García en _Metáforas Orgánicas,_ una poética excelsa, pero humana, avenida en la concepción de la unidad y la armonía para dejarnos un compendio de metáforas vivientes, décimas profundas y exquisitas.

En el cuerpo de la idea

Tema compuesto de trece poemas. La décima de Robertico García en este tema aborda la concepción del Símbolo Poético (_Cabuya; El celeste barco; El Pájaro_); La Imagen (_Carne rítmica; La Lejanía; El toro y el torero_); El Remplazo (_Máscara y_

Moneda); La Sugerencia (*El Tiempo*); La Suplencia (*Niña del Amor Guajiro*); y El Pensamiento (*Las almas; ¿Qué cosa será la vida?; La Conciencia; Vida y Muerte*). Hay en este tema la consolidación de un poeta maduro, labrado, que llega a imponer en la estrofa su toque, su irradiación, y los matices de su canto para perfilar un estilo que poco a poco se va desarrollando, limando y acentuando.

La Improvisación

En este tema aparece primeramente un poema titulado *Repentismo* (tres décimas), que se adentra en los entresijos y mecanismos que rigen el difícil arte de improvisar. Es un poema de composición elegante, donde el poeta sondea el origen del repentismo y los elementos naturales que se advienen al arte juglaresco campesino:

> (...)
> *No se sí será lo mismo*
> *cantar o pensar después,*
> *donde la idea es un pez*
> *que con los sentidos choca,*
> *o hacer salir por la boca*
> *la dos cosas a la vez.*

Y para cerrar el tema *La Improvisación*, se muestra un ciclo de décimas tituladas *Pies Forzados*, y que son décimas que nacieron de la expresión oral, es decir, improvisadas por el poeta en diferentes marcos escénicos y guateques. En algunas décimas el "pie forzado" es a la manera clásica donde el "pie" está dado en el último verso, y en otras, donde a ese "pie" se le agrega el "pie" del primer verso, aumentando así la dificultad del ejercicio. Son estas diez décimas un ejemplo mínimo, pero relevante, del dominio de Robertico García en el arte de la improvisación, de su maestría oral, de su nervio y repentino pulso poético. Sirva esta décima como ejemplo de lo que hemos afirmando anteriormente:

> En el cristal de los ríos
> que se encogen y se estiran
> hay ojos sueltos que miran
> al cielo como los míos.
> Bajo sus párpados fríos
> la Luna se endiosa un rato,
> porque el espejo beato
> le hará una foto esta vez,
> no con tanta palidez
> como el último retrato.

Acuarelas

Seguramente es este tema, *Acuarelas*, donde más se palpa, donde con más nitidez se puede comprobar el reflejo del título de este libro (aunque en los restantes temas siempre aparecen los motivos pictóricos y fotográficos), que es la facultad que tiene Robertico para el retrato, el dibujo y la representación. El tema comienza con dos poemas, *Colores* (trece décimas) y *Leonardo y yo, coloreando* (4 décimas). Estos dos poemas son un ejemplo de la capacidad del poeta para el colorido (no sólo por el tema de los colores), sino que, desde ellos, desgrana el portento plástico, el desplazamiento de sus versos hacía los tonos, los contrastes, el claroscuro, y el mundo evocador que se obtiene de la contemplación y la conjugación de los colores. Diríamos que en estos dos poemas el poeta se acerca al arcoíris, lo toma en sus manos, y al son de su paleta rítmica los lleva al movimiento y a la perspectiva visual, para acapararlo todo, porque todo, de una manera u otra, lleva un color, un plasma. Lleva el poeta en estos poemas un discurso exploratorio, que busca claves, moldes y transfiguraciones, que a medida que avanzan, el verso interrogativo se torna más crucial, firme elemento para realizar la profundidad de su pensamiento y contemplación. En ocasiones, al preguntar, ya responde, ya sitúa, ya muestra.

> *¿Qué color tiene el chasquido*
> *de un beso?, cuando es de amor,*
> *debe tener el color*
> *del sueño correspondido,*
> *que es del color del vestido*
> *del alma de la bondad.*
> *(...)*
> *¿De qué color es el cuello*
> *del pájaro del pensar?*
> *¿Es cuando sale a volar*
> *terco, musical o bello?*
> *(...)*
> *¿De qué color es el eco*
> *que araña la gravedad?*
> *(...)*
> *¿Y el vigor de la raíces*
> *qué abono, para que cuajen*
> *los girasoles y atajen*
> *la palidez del sentido*

> neutro? ¿Para que el olvido
> muera por la lengua verde
> qué resucita y qué muerde
> un tronco descolorido?

Y en la segunda parte de este tema se incluyen cuatro poemas. Los primeros tres, breves (una o dos décimas): *Yo puedo*; *Foto de Hombre viejo*, *Paisaje*, que son verdaderas fotos, imágenes puras, unas veces estáticas, otras en movimiento. Y cierra con el poema *Requiebro Silvestre*, donde Robertico logra la dualidad "poeta naturaleza" -en este caso, su relación con la Tarde- donde con maestría logra que lo veamos como parte esencial de la naturaleza, como eslabón que se sumerge en ella, la toma, le brinda, se funde, y le canta:

> Anda sencilla, normal,
> pero hay algo que me avisa,
> entre el paso y la sonrisa
> que me la vuelve especial.
> Su cadencia musical
> se acurruca en mi latido
> y su cabello mecido
> por la frescura del viento,
> me regala un movimiento
> de pájaro agradecido.

Lentes

Es el último tema (28 poemas) exhibe un conjunto diverso, donde a veces la mirada del poeta es cercana, más intimista

(*Pesquisoñando; Entre Afrodita y Diana; Vengo sentado; El abuelo*, sólo por citar algunos ejemplos); y en otras donde su mirada es más lejana, pero más abarcadora (*Senda; El Eco, La Materia...*). Al lente poético de Robertico García le brotan lentes a raudales, movimientos, chispas, altos y bajos, resoluciones, y un espacio de observación donde la inmensidad y la miniatura se entrelazan, se expanden, se achican, y se dan en la pupila del poeta como proyecciones, espacios que abren otros espacios, la luz dadora de otras luces, para llegar a esos sitios insospechados, a veces hasta inútiles, pero donde el poeta llega, abre su lente, enfoca, y dispara entonces la imagen del verso, la foto de la palabra. Sirva la siguiente décima como ejemplo de esa inmensidad y esa miniatura que mencionábamos anteriormente, donde el poeta logra la insinuación primaria y elemental para conjugarla con la sugerencia que nos brinda la inmensidad.

Hombre de Poesía

El hombre en la Poesía,
contra todo lo infecundo,
trata de arreglar el mundo
en una eterna porfía.
Bendita filosofía,
aunque dicen los estetas,
que el alma de los poetas
tiene rincones vacíos,
misteriosos y sombríos
como espacios y planetas.

Robertico García Lajero (De la improvisación a la escritura)

Cuba ha contado con grandes improvisadores, inmensos y auténticos poetas improvisadores, y es tan larga la lista que prefiero no mencionar ningún nombre, porque sería imposible por un problema de espacio de este libro, nombrar a todo ese parnaso oral cubano. Robertico García es uno de esos poetas. Ahora bien, muy pocos de esa inmensa lista han pasado del arte de improvisar, a la tranquilidad, paciencia y aprehensión de la palabra escrita, de la literatura. Robertico García es uno de ellos, por su perseverancia, por su inclinación a la escucha y al aprendizaje, por sus pacientes y largas lecturas de los poetas clásicos. Sin olvidar que Robertico, ya desde sus inicios como improvisador, asistía a talleres de creación poética, a concursos y eventos de Poesía escrita.

En la décima de Robertico García hay que señalar dos aspectos fundamentales. Uno: es ante todo rítmica, sí, rítmica y musical; el poeta trabaja con exquisita maestría el ritmo interior del verso (aquello que Vicente Huidobro señaló como la fuente sonora y primordial de que cualquier verso), y no sólo su ritmo interior, sino las pausas, silencios y encabalgamientos que, unido a la gran apreciación de la rimas, hacen de su canto un verdadero ejercicio de dominio musical.

Hace más de 15 años llegó a mis manos una controversia (en audio) de Robertico García con Asael Díaz (Candelita), y de aquella grabación siempre he guardado como verdadero ejemplo de la disposición musical del verso octosílabo y de su ritmo interior, los primeros cuatro versos de una de sus décimas:

> Si palpito diariamente
> donde el corazón palpita,
> más palpita Candelita
> pálpito del continente.

Y aprovechando este momento de referencias a la sonoridad de sus décimas, deseo detenerme en algo que siempre ha sido motivo de debate entre los decimistas cubanos, y es la llamada "décima asonantada", es decir, aquella décima que manteniendo sus rimas consonantes independientes (versos 1, 4 y 5; versos 2 y 3; versos 6,7 y 10; y 8 y 9), lleva además una repetición de asonancias. Es indudable que una repetición de asonantes en una décima, de cierta manera atenta contra la diversidad y variación de los efectos sonoros, pero no siempre es así, sobre todo cuando esa dualidad de asonantes está alejada en el propio cuerpo de la décima, por ejemplo la dualidad de asonantes en los versos 2 y 3, respecto a los versos 8 y 9. En Robertico García la décima asonantada no abunda, pero hay algunos ejemplos que reafirman la posibilidad de la existencia de esa asonancia, sin que por ello la décima pierda su valor musical, su impacto sonoro. Sirvan de ejemplo estas dos décimas que pertenecen a su poema *La Envidia*, presente en este libro, donde en el primer caso la asonancia está presente en los versos 1, 4, 5, 8 y 9 (en A-O); y en el segundo caso en los versos 2, 3, 6, 7 y 10 (en E-O), y que lejos de entorpecer el ritmo, estas asonancias emergen dándole más intensidad a la cadencia y el compás de la estrofa.

La Envidia

La envidia es un perro falso
que nos mira de reojo,
la ironía del enojo
del verdugo, sin cadalso.
Cuando hay escollos me alzo,
de los perjuicios me suelto;
donde el corazón esbelto
canta en la punta del faro,
la envidia es un río claro
que tiene el fondo revuelto.
(...)
Hay quien envidia hasta el gusto
en el paladar ajeno,
el efecto del veneno,
el relámpago del susto.
Envidia todo lo injusto,
el descanso de los ecos,
el hongo en los tallos secos,
y esconde con ansiedades
el agua de las maldades
en sus tinajas con huecos.

Y el segundo aspecto a señalar del trabajo de Robertico en sus décimas, es su capacidad plástica, la viveza de sus imágenes, los contrastes que van desde lo blanco a lo negro, desde lo nítido a lo neblinoso, de lo resplandeciente a lo oscuro, siempre con una viveza colorista tremenda, siempre con una paleta a veces en movimientos, a veces dibujando lo inmóvil y lo estático. Sirva esta décima (última décima del libro, perteneciente a su poema *Jesús Orta Ruíz*) como ejemplo del dominio colorista del poeta, de cómo ejerce la maestría del color, la tonalidad de lo blanco, en un espacio cándido, limpio, claro, lo nevado e inmaculado, anunciando lo que está por abrirse:

> *Debe andar en el rocío*
> *de la tarde o en los pianos*
> *que no necesitan manos*
> *de los conciertos del río.*
> *Poblado sobre el vacío*
> *de los astros, en el anca*
> *de la luz, por la barranca*
> *del cielo va en un corcel,*
> *mientras la luna sobre él*
> *parece de azúcar blanca.*

Conclusiones

En décimas cantó Góngora al Marqués de Guadalcázar, celebrando la belleza de las damas de Palacio; pero también en décimas escribe un simple recado; una corrida de toros donde torea un enano; dice los pormenores de una fiesta en Valladolid; loa los encantos de doña Brianda de la Cerda; se inspira en un retrato de la Marquesa de Ayamonte; hace un epitafio para el sepulcro de la Reina Margarita; le canta a la yegua del duque de Béjar; lamenta la muerte del caballo de don Pedro de Cárdenas, muerto por un toro; en otra refiere cómo el conde de Oliva se cayó del caballo y cómo don Alfonso Chacón se descompuso un pie; se queja por la muerte de un perro; enaltece el amor, y arremete, en puntiagudos epigramas, contra los médicos, los abogados y contra sus rivales literarios; y, en fin, hasta el obsequio de un conejo a persona estimada lo expresa en décimas. Por otra parte, Quevedo toma las décimas para cantar sus sátiras. Decenas de espinelas constituyen sus imitaciones de Marcial. Con él la Décima se estrena como poesía civil. En décimas está escrito su "Padre Nuestro Glosado" contra el Rey Felipe y su poema social "Sobre el Estado de la Monarquía". Con él y sus rivales, la Décima se inicia como dardo de controversia poética. La primera controversia o disputa en décimas data de aquella famosa guerra literaria, de la que fue Quevedo uno de los más audaces francotiradores. Y del modo que este gran maestro construye décimas con malas palabras y duras ofensas para sus émulos, también inmortaliza la vida simple de un mosquito caído en un vaso de vino, y el encanto musical de un ruiseñor.

En Góngora y Quevedo, como en otros clásicos, encontramos que la Décima es dúctil para cualquier tema, hecho que marca el punto de partida de cierta tradición temática que observamos en el cultivo popular de la Décima en algunos países hispanoamericanos, especialmente en Cuba.

Y Robertico García es heredero de estos poetas, como también es heredero de Lope de Vega, de Juan Cristóbal Nápoles Fajardo "El Cucalambé", Jesús Orta Ruiz y Alfonso Camín. Pero además tiene Robertico García el abanico de temas y modos a que hacíamos referencia; en décimas le ha cantado a todo: al suelo, al cielo, al campo, a la ciudad, desde la perspectiva de un poeta que acopia, que pinta y que fotografía, para darle a su décima la patente de una imagen siempre en movimiento, siempre fresca, siempre renovada.

Fotógrafo del Alma es un ejemplo fehaciente de que estamos frente a un verdadero poeta, que no sólo irradia por su verso tenaz y latente, sino por el dominio de la estrofa. Su canto abarca matices del neo romanticismo y del post modernismo, puntos de elegía, devoción, búsqueda, interrelación, pero también fe y esperanza dentro de una preocupación formal y estética por la Décima, ahondando siempre en los destinos del hombre contemporáneo.

¿Quién duda que estas décimas vayan a las antologías, las verdaderas, las que hace el tiempo y la memoria de las generaciones?

En cada poema de *Fotógrafo del Alma*, las décimas logran el acento específico para cada canto, y la exhibición de una lírica trabajada, formal, llevando la equivalencia de lo sencillo y profundo, hasta el meridiano justo de la praxis poética. Resultados que son altamente difíciles de conseguir en la estrofa, por la tendencia que tiene la Décima, en la sujeción de sus silencios y juegos de rima, hacia la vertiente popular. Logra cursar y evolucionar sus décimas hacia el punto feliz que cada poeta pretende, es decir, el hallazgo de un tono propio, un estilo. Robertico García redescubre la Décima, no sólo en el espacio campestre, sino en el espacio citadino. Robertico García establece en sus décimas el plano terrestre y el plano aéreo, en una honda resolución de la belleza y la tensión de las apariencias. Su propio dominio del verso improvisado le ha permitido consolidar el instinto del verso, la búsqueda de la imagen precisa y el acento justo para encerrar en diez versos todo su torrente de inspiración.

Por cuestión de espacio de este prólogo han quedado fuera de análisis otros elementos, recursos y aportaciones que Robertico García ejerce en el cultivo de la Décima, como son, su concepto y marco narrativo; sus cualidades para la descripción; la utilización del Yo en espacios puntuales; la amplitud de su tropo poético que va más allá de la siempre utilizada metáfora; la cubanía de sus símbolos poéticos; sólo por nombrar algunos.

Fotógrafo del Alma posee la capacidad renovadora de la imagen, el brío y el movimiento rítmico de una expresión diversa, que reflejan el dominio y las aportaciones de este poeta a la estrofa.

Y mientras estas décimas van adquiriendo la honestidad y la vitalidad de un libro puramente poético, prosigue Robertico García, este poeta Lajero, allá en su finca al sur de Homestead, masticando un puro, dándole de comer a los animales, reparando su costado roto, tejiendo su amor peruano, y sentándose en las tardes a murmurar, a susurrar versos al viento, y a dejar caer la tinta en un papel, para demostrar que Poesía también es trabajo, constancia, sueño, disciplina, entusiasmo, y la sencillez humana de quien sabe que allá en lo profundo de su espíritu, siempre habrá un sinsonte de pie, un trino, una voz, pero también un lápiz.

Víctor Puertodán
20 de mayo de 2018
Atlanta, Georgia.

PÓRTICO

La décima

La Décima es un verano
para que la vida cante,
donde el sol del consonante
amanece más temprano.
Es un pétalo en la mano
universal de Quevedo,
y la llama que el aedo
frota en místicas escalas,
para quemarle las alas
a los pájaros del miedo.

La Décima como loca
se pone, si no hay parranda,
y el laúd en la bufanda
tose antes de abrir la boca.
El poeta se coloca
en un rincón del bohío,
y cuando descarga un río
de imágenes satisfecho,
se sienta, como si el pecho
se le quedara vacío.

La Décima es un viajero
con un jolongo de auroras...
diez cataratas sonoras
cayendo por el alero
de un corazón con sombrero...
Es un destino a merced
del espacio sin pared,
para bebiendo subir
eternidad y sentir
que no se aplaca la sed.

La Décima es una foto
de luna en un charco viejo,
como el rostro en el espejo
de un universo remoto.
Con rasgos de cráneo roto
habla por la cordillera,
cuando el sol de primavera
-peludo de tanto brillo-,
como un león amarillo
le ruge en la cabellera..

Robertico García Lajero

La Décima es culto moño
de un árbol mirando al cielo
que se le caen al suelo
las sílabas en otoño.
El inédito retoño
vuelve a sonreír por fuera,
y la sabia mensajera
de futuras expresiones,
le sigue haciendo canciones
verdes a la primavera.

Y la Décima se aloca
cuando truena la llanura,
y un corazón sin montura
sale huyendo por la boca.
Cuando la nube en la roca
raja sus hamacas grises,
y el árbol de los matices
sabios, no quiere más trono
que sentir gallos de abono
cantándole en las raíces.

La décima y yo

La Décima que yo hago
y que me endulza el latido
es un dialecto fluido
hasta en la lengua de un gago.
A veces pienso que un mago
con una vara de miel,
rosa el aire y del vergel
brotan rimas-mariposas
que concuerdan con las rosas
sabias que suda mi piel.

La Décima que me busca
aun cuando no pienso en nada,
espero que a la morada
del silencio me conduzca.
Esa que a veces se ofusca
con el yo desorientado,
de este cuerpo trabajado,
pero luego se sonríe;
cuando canto y me deslíe
el cansancio acumulado.

La Décima es la chiquilla
que cuando está modelando
el sol pasa jugueteando
con los prismas de su hebilla.
Lo que en los ojos le brilla
tiene misterios de estrella.
Y el tiempo me da una huella
de placeres impolutos
cuando paso unos minutos
interactuando con ella.

En mi décima no hay facha,
la viste el color del valle,
jamás la saco a la calle
harapienta, ni borracha
de retórica. No hay tacha
en mi manera de amar.
Y hay quien la quiere sacar
tan perfecta, que atropella
su voz, y al salir con ella
nadie la siente pasar.

La Décima se me escapa
y al perseguir su abolengo
me hace creer que no tengo
jurisdicción en su mapa.
Se evapora, se agazapa
quién sabe en qué negro río...
me da miedo, me da frio,
y de pronto me visita
en la frescura infinita
de una gota de rocío.

Robertico García Lajero

METÁFORAS ORGÁNICAS

Poesía

¡Ay Poesía! de nuevo
salgo a buscarte... Ojalá
sepa mi ser donde está
tu alma de azabache y febo.
¿Y si esta vez con el cebo
de la inocencia te engaño,
y asomas entre un rebaño
de inéditos acertijos,
y endulzan tus escondrijos,
mi espíritu de ermitaño?

La Poesía se azora.
al Parnaso me dirijo
y converso con el hijo
de Poseidón y Cleodora.
Ayer, mañana y ahora
rostros de musas amigas
besan mis manos mendigas,
el verde lame el potrero,
y el paisaje es un homero
con una Ilíada de espigas.

La Poesía no sabe
quién es, y a veces presiento
que en las hamacas del viento
canta primero que el ave.
Vestida de lirio suave
de repente se me aleja,
la busco, -el alma se queja-,
y me sonríe callada,
hecha música empolvada
en una guitarra vieja.

Se convirtió en Poesía
una mano carpintera
que hizo un cofre de madera
con joyas de melodía.
La he sentido novia mía
en su sonrisa redonda...
Maja desnuda, Gioconda
que sus gemidos exploro,
aunque entre el velo sonoro
de la música se esconda.

Cervantes y el Quijote

En el manco de Lepanto
está la mano de Dios;
tal vez teniendo las dos
no hubiera logrado tanto.
Un Quijote de su llanto
brotó con sueños genuinos,
y hoy por todos los caminos
hay caballeros andantes
derribando a los gigantes
disfrazados de molinos.

Cada vez que un iracundo
ofende algún semejante,
ensillo a mi rocinante
y salgo a arreglar el mundo.
¿Seré un loco, un errabundo?
Porque en mi paisaje ancho
listo para el zafarrancho,
contra las malas personas,
tengo cumbres bajetonas
que se parecen a Sancho.

Un Quijote enamorado
del bien, bajo la armadura
lleva rayos de ternura
para educar al malvado.
Su rocinante ensillado
de soles deja tronchadas
las fuerzas de las espadas
por sus pasos vencedores,
que le van naciendo flores
debajo de las pisadas.

El Libro

Un libro es como una fuente
de enseñanza universal
para que con su caudal
el cerebro se alimente.
Suda su marco viviente
reflejos educadores
de mensajes superiores,
porque una página seria
enriquece la materia
cerebral de los lectores.

Un libro es tierna muralla
entre incultura y talento
en donde el conocimiento
siempre gana la batalla.
Con sabor a guardarraya
a luna y a paraíso,
a futuro, a compromiso,
a vida y **a** trayectoria,
por el templo de la historia
entra sin pedir permiso.

El libro es el corazón
de la pulsación escrita,
que sentimos que palpita
a través de su expresión.
Vemos que en cada renglón
late la sabiduría,
y si alguien hiriera un día
las arterias de su piel,
por un pecho de papel
sangrará la poesía.

Algo siempre se me queda
impregnado en el saber
cuando me pongo a leer
el libro de la arboleda.
Fruto que en el suelo rueda
es una lección que atajo,
y las hojas que hacia abajo
vuelan lentas y sencillas,
son sílabas amarillas
que al viento le dicta el gajo.

Hay libros disparatados
que nadie quiere tenerlos,
que nos dejan al leerlos
los ojos abochornados.
Yo prefiero los sagrados;
esos libros superiores
son como jaulas de amores
para que en sus balancines,
se hundan como tomeguines
los ojos de los lectores.

El Agua

En una ilusión extraña
el agua en limpio revuelo,
se piensa que moja al cielo
y el cielo es el que la baña.
Le sonríe a la montaña
con sensualidad febea...
Y antes que el río le vea
sus inéditos frescores,
en los charcos voladores,
de las nubes se pasea.

El bordado transparente
de la nube costurera
parece que le lloviera
puntadas a la corriente.
Desde los hombros del puente,
mansos piropos colgantes
motivan a los amantes,
cuando tropieza la bruma
con los pezones de espuma
de sus senos ondulantes.

Robertico García Lajero

Los ojos en el camino
que sube hacia su presencia,
bajan por la transparencia
de su cuello cristalino.
Su tibio vientre divino
-frescor de líquida fragua-
hasta al lomo de la yagua
se le afiebra la humedad,
sobre la sensualidad
de las caderas del agua.

¿De su cuerpo quien abusa?
¿Cómo? si tiene la norma
de entrar y adquirir la forma
del recipiente que usa.
Está presa y no es reclusa,
azul blanca su melena...
ruge, flota, danza, suena...
y hasta un peñón descarnado
llega un concierto arrastrado
de música con arena.

El Mar

Si se le asusta el espejo
se pasa de polo a polo
las noches hablando solo
igual que un pirata viejo.
Y al fruncir el entrecejo
que presiente el vendaval,
el viento del litoral
huye con las alas rotas
de picadas de gaviotas
y quemaduras de sal.

Luce el mar bajo el azote
de altas flechas amarillas,
un toro con banderillas
de candela en el cogote..
Escarba, embiste el mogote
cercano que le provoca,
y cuando más se sofoca
salta con furias internas,
y se rompe las mancuernas
de espumas, contra la roca.

Como una bestia sin domo
de un bárbaro resoplido,
anuncia que lleva un nido
de tormentas en el lomo.
Su resabio policromo
no hay silencio que lo venza,
porque es en su plaza inmensa
de espejo con sinfonía
donde la coreografía
de los ciclones comienza.

Sus acordes en verano
aunque a veces los esconda,
saben a guitarra honda,
a flauta de sol... un piano
imita su azul cercano
con los teclados inciertos,
y allá en los polos desiertos
guarda en su blancura helada,
la música congelada
de los futuros conciertos.

El viento esconde el silbato
y en la charca surtidora,
el silencio se evapora
bajo el revuelo de un pato.
Y el río con el retrato
de un rostro que vio en el puente,
avanza como consciente
que lleva de orilla a orilla
mas sonrisa de chiquilla,
que espumas en la corriente.

Robertico García Lajero

El Río

Los ríos son potros mansos
que las nubes pastorean,
aunque cuando corcovean,
se salen de los remansos.
Crines cual plumas de gansos
se sueltan en sus orillas,
y un resoplido de arcillas
derriba al viento, jinete,
si un relámpago les mete
el látigo en las costillas.

Los ríos son lenguas largas
de plateada suavidad
con una dulce humedad
contra las piedras amargas.
Las nubes con sus descargas
alborotan las corrientes...
Y los mismos continentes
por los golfos distanciados
se miran como asustados,
cuando revientan los puentes.

El río es un caballero
que aunque camina acostado
lleva el pecho iluminado
por la antorcha de un lucero.
Cuando se porta cerrero,
una yagua impertinente
cae estrepitosamente,
se agarra, se tambalea,
se equilibra, y jinetea
el lomo de la corriente.

El río pasa callado,
y el sol que le araña el brillo
con un látigo amarillo
le deja el lomo afiebrado.
Un toro negro, confiado
baja con la sed del día
al remanso que se amplía
aunque el color se le moje,
y con el hocico escoge
el agua que está más fría.

Pienso que el río es consciente
en sus aguas intranquilas
de la lluvia de pupilas,
que le arrojan desde el puente.
Fotógrafo transparente,
de líquido maniobrar,
que cuando me ve pasar,
para mostrarme su apego
me tira una foto, y luego
le manda una copia al mar.

Yo sé del río que faja,
que por lo bravo que es
sigue embistiendo después
de vaciarlo en la tinaja.
Pero cuando lo relaja
el invierno, arrinconado
en el barro, es el recado
en el calor del bohío,
que la memoria del río
para la sed ha mandado.

El río pasa vestido
de música transparente
con el retrato latente
del tiempo en su recorrido.
Artístico y engreído,
si lo pinchan desde arriba
pone la cara agresiva,
y con furia de animal,
a pechazos de cristal,
deja el puente bocarriba.

El Viento

El viento de cara fina
cruza montañas y muros,
y los puntos más oscuros
de las cuevas adivina.
El viento es una bocina
para difundir poetas,
túnel para las saetas
de movimiento uniforme,
y un estibador enorme
de pájaros y avionetas.

Me gusta el viento que cae
en cascada transparente,
que rebota y al ambiente
la identidad le sustrae.
Me gusta el viento que trae
lejanía en la mirada,
ese que en cualquier tonada
sus misterios improvisa,
y el que trae en la sonrisa
dolor de novia olvidada.

Me gusta el viento en los bajos
de la cumbre que se eleva,
y a la geografía nueva
le conoce los atajos.
Ese que junta dos gajos
para inventarse una clave,
ese que siempre se sabe
donde está el majá escondido,
que tiene gusto a ladrido
y a cacareo de ave.

Ese viento cantador
que hace las piedras sentir,
nadie nos puede decir
que no es improvisador.
Con labios de cundeamor
yo lo he visto en la tarima
del monte con genio encima
cuando los puños aprieta,
molesto como un poeta
cuando repite una rima.

Yo lo he visto en la mañana
recostado en el bohío,
durmiendo bajo el rocío,
y no empujar la ventana.
¿Tendrá alguna vibra humana
porque cuando al patio salgo,
me olfatea como un galgo
que no usa pies ni cabeza?
pero tengo la certeza
que quiere decirme algo.

Al viento le encanta el juego
en su punto arrollador,
porque nos tira el calor
cuando pasa por el fuego.
No se cansa, desde luego
es loco constantemente,
y se le mira sonriente
con picaronas miradas,
cuando las manos tiznadas
te las pasa por la frente.

Yo lo he visto cariñoso
en las puntas de las lomas,
piropeando a las palomas
con un gesto majestuoso.
Lo he visto más en reposo,
pero no es tan caballero
cuando viene del potrero
y me abraza emocionado,
después de haberse embarrado
con babas de toro fiero.

Sabe Dios lo que sintió
el viento de antiguo nombre,
la primera vez que un hombre
por sus cortinas entró.
Seguro que se aprendió
hasta su forma de ser,
y el paraíso de ayer
tuvo que ser más sagrado,
cuando se vio perfumado
por un aire de mujer.

El viento heredó los dones
del hombre en secreta clave,
y desde siempre se sabe
sus gestos y sus canciones.
Por los mismos callejones
andan juntos, ¡cómo no!,
ya que cuando Eva pecó
frente a la serpiente astuta,
antes que Adán, de la fruta
el viento también comió.

El Invierno

Silencio blanco; el verdor
grita bajo el viento helado,
y el paisaje desmayado
sueña que tuvo calor.
El aroma de la flor
tiene apariencia de olvido...
Y el esmeralda tupido
que ondeaba en la cordillera
es canoso, a Primavera
le cambiaron el vestido.

El invierno entume el piano
de la corriente ¡Qué frío!
El movimiento del río
tiene apariencia de anciano.
La palma se aprieta el guano
como una hembra esquimal.
Y el moño del manigual
no deja de sacudirse
como para no morirse
de hipotermia vegetal.

El mensaje del invierno
trae una voz ancestral,
en la página glacial
del telúrico cuaderno.
Se siente a punta de cuerno
blanco, que el toro del frío
llega olfateando el bajío,
y asustan al caballete
las cornadas que le mete
a las tablas del bohío.

Entra sutil y pasmoso,
y donde el blancor sitúa,
parece que lo acentúa
el movimiento de un oso.
Un ronquido neblinoso
se alza regañando al cielo,
y agazapado en el suelo,
donde afirma su control,
quiere atravesar el sol
con una lanza de hielo.

En el invierno cubano
el farol prende la mecha,
y el campesino aprovecha
la calefacción del guano.
La noche, invisible mano
helada, acaricia todo...
Y luego, frente a un recodo
el sol que pinta el boscaje
abre tímido el plumaje
como un pájaro de yodo.

No existe invierno peor
que el que se cuela con calma
por las rendijas del alma,
y congela el interior.
Sólo la luz del Amor
puede hacer que así no sea...
el Dios que nos pastorea
nos alumbra desde el cielo,
y hasta una piedra de hielo
la torna llama febea.

No puede existir invierno
para el que siente la luz
del abrazo de Jesús,
que nos da un calor eterno.
El clima en el mundo interno
del hombre que a Dios adora,
es cálido a toda hora,
en donde quiera que esté
prende fogatas de fe,
y el invierno se evapora.

La Luna

El magnetismo lunar
se repite en cada escena,
blanco misterio que llena
de excitaciones el mar.
Un rostro sin parpadear
identifica su cara...
Y la tierra que no para
de gravitar a su antojo,
sonríe como si el ojo
del tiempo la vigilara.

La Luna como aspirando
los mensajes que le doy
adonde quiera que voy
siento que me está mirando.
Mi metáfora volando
llega a sus tiernos fulgores,
y en un sueño de colores,
le hecho con mi rima franca
abono en la tierra blanca,
a ver si le nacen flores.

La Luna es una chiquilla
del patio de los planetas
que adora que los poetas
le sonrojen la mejilla.
Se ve pasear por la orilla
del tiempo, sin más resabios:
que confundir a los sabios
para que el mundo la alabe,
única niña que sabe
hablar sin mover los labios.

Puerta de plata redonda
en un reino de negrura,
pozo de nácar, frescura
que doma la sed más honda
del espíritu, su ronda
romántica, bendecida
por el que todo lo cuida..
¡Qué milagros de misiones,
de conquistar corazones
desde que empezó la vida!

Ni un árbol, ni un pajarillo,
ni un átomo perfumado
en su paisaje alumbrado,
teniendo prestado el brillo.
Dios nos regaló su anillo
hecho de plata divina,
y el hombre que se acoquina
y se nubla el entrecejo
cuando se mira en su espejo,
el alma se le ilumina.

El Perro

Mi perro huele a bondad,
el aura que lo rodea
es una luz que olfatea
y absorbe la oscuridad.
Sus lecciones de humildad
educaron mi persona;
ser un perro proporciona
el bien que no se oscurece,
el que mejor obedece
y el que todo lo perdona.

Vigilante, prevenido
donde quiera que se para;
y por las noches repara
la cerca con el ladrido.
Su olfato de recorrido
es un radar aullador.
Si el que pasa -lleva amor-
lo analiza y no se altera,
como si reconociera
las almas por el olor.

Mi perro se llama Ruso,
y en su celeste pupila
de lobo frío se afila
un color manso-recluso.
Se ofende frente al abuso,
y si gruñe a otro lebrel,
antes de rozar su piel,
me mira fijo a la cara
como si me preguntara,
si estoy de acuerdo con él.

Mi perro se enterca tanto
cuando el aire huele a hembra,
que escarba, aúlla y le siembra
las pupilas al espanto.
No sé si es sonrisa o llanto
lo que a la noche le brinda,
cuando la novia más linda
bajo el plateado fulgor,
es un incendio de amor
que por detrás se le guinda.

Mi perro trabajador
presiente hasta mi silueta,
el que mejor interpreta
al mundo por el olor.
Vigilante, cazador,
-monarca de mi desvelo-,
cuando una paloma al vuelo
cae bajo la descarga
de una escopeta, se encarga
de recogerla del suelo.

Cuando oigo decir Leal
la mente viaja a un lebrel,
Leal es un nombre fiel,
lógico, proporcional.
El amor no usa bozal
ni asusta con el aullido.
Y en un fresco recorrido
entre el bohío y el cerro,
la tarde va con un perro
y el viento con un ladrido.

Yo tengo un perro distinto
manso y con el lomo prieto.
que ni le falto el respeto
ni le amago con el cinto.
Desenvuelve el laberinto
del aire con el olfato.
y cuando ve cerca un gato
que anda maromas haciendo,
me mira como diciendo:
-Si me provoca; lo mato-.

La Locura

Hay un tipo de locura
en elegidos humanos
que vive sembrando granos
de luz en la tierra oscura.
Un loco sano es cordura...
pero un loco sin pasión,
anda por el callejón
ojeroso de los males,
con caballos fantasmales
trotando en su corazón.

La locura del otoño
es depresión natural,
la muerte provisional
del verdor... y hasta el retoño
mece su cansancio ñoño...
El río entreabre la boca,
de silencios se sofoca...
y tan sólo desayuna
un cocimiento de luna
sentado sobre una roca.

Un loco es un caballero
vitalicio, en casi todo,
caballero hasta en el modo
de acomodarse el sombrero.
Un loco no es extranjero
de su carne, es querubín
de la libertad, no hay fin
de cielos en su cabeza,
y el cuervo de la tristeza
no hace nido en su jardín.

El loco que yo debato,
que proyecto y que cultivo
no es salvaje ni agresivo,
es dócil y hasta sensato.
A veces, bajo el zapato
se busca un trillo de amor.
No es tiniebla de rencor
retoñando en la amargura...
El que yo digo se cura
la sombra, con una flor.

De inmortalidad, me hospedo
en el loco perfumado,
no en el rostro perturbado
de la cabeza del miedo.
Un loco no es un enredo
de insospechables querellas...
si hasta las noches más bellas
con voz de canto de mar
las usa para pescar
rimas, y contar estrellas.

Hay un tipo de locura
de incontrolable tormento,
que sólo el medicamento
del ser supremo la cura.
La otra es de mansa blancura
sin oscuridad de nicho.
Pero la que antes he dicho
se estremece como un gajo
cuando le tiemblan debajo
las tojosas del capricho.

Un loco es el que dibuja
bordados de hondo color
en su telar interior,
el que cose sin aguja.
Puntadas de yerba bruja
no remiendan su portal;
él es un loco normal
que progresa poco a poco,
distinto al que se hace loco
y juega a portarse mal.

Sé de un loco en miniatura
con su carisma volcánico,
que se hace mástil oceánico
si el mar se vuelve locura.
Se acuesta en la dentadura
fósil de los farallones.
Disciplina los renglones
de las nubes y con lógica
en su hamaca mitológica
mece las constelaciones.

El loco sale a buscar
en sus paisajes ignotos
tardes, con vestido rotos
y auroras sin maquillar.
La noche lo deja entrar
a su mística africana,
y henchido por la mañana
que codifica su rango
se pone a bailar el tango
del sol, con la palma cana.

Un loco, suelto en la hamaca
de las alucinaciones
de un sueño con dimensiones
de luna paradisíaca.
Su rostro a veces le saca
brillo a la pared oscura
del tiempo que lo clausura;
y encuentra el amor; corcel
que para montarse en él
usa el alma de montura.

La Envidia

La envidia es un perro falso
que nos mira de reojo,
la ironía del enojo
del verdugo, sin cadalso.
Cuando hay escollos me alzo,
de los perjuicios me suelto;
donde el corazón esbelto
canta en la punta del faro,
la envidia es un río claro
que tiene el fondo revuelto.

Humo tóxico de hoguera
envuelta en la fría escama
de la ceniza, la llama
no se le nota por fuera .
Viuda de luz, pregonera
de parentescos insanos,
siembra de nocivos granos
en la maldad familiar,
y el día del cosechar
se quema sus propios manos.

En el cuerpo de la idea
que una pasión ha creado
el verso mal encabado
de la envidia, parpadea.
Por la frases que pasea,
la malicia se le ve,
y donde levanta el pie,
le deja como cansada
una coma desdichada
a la estrofa de la fe.

Ojalá un día entendiera
el mal que la promociona,
cuánto daño le ocasiona
al cuerpo que la genera.
Un alma así no prospera
si cada vez que da un paso,
suelta la envidia el zarpazo,
y le envuelve las entrañas
frías, con las telarañas
malévolas del fracaso.

Envidia, la del alero,
que no dudo que quisiera
seguir con la primavera
cuando se va el aguacero.
Envidia la del ternero
cuando le ordeñan la vaca,
porque la mano que saca
el milagro de blancura,
va ignorando a la criatura
que se está poniendo flaca.

La envidia devoradora
de luz, con su falso modo,
¡qué pobre!, de casi todo
lo que brilla se enamora.
Inútil, enredadora,
inconsistente, incapaz.
Si un día viene a la paz
donde mi ternura acude,
a mí que no me salude,
y que no vuelva jamás.

La envidia pudiera ser
una invasión extranjera
que en silencio se apodera
del territorio de un ser.
Usa estrellas sin saber
la procedencia del brillo;
conde de negro castillo
que malgasta su tesoro,
confundiendo con el oro
todo lo que es amarillo.

La envidia es un camaleón
con misterio de paisaje,
con un nuevo camuflaje
para cada situación.
La rosa del corazón
perfume negro atomiza...
En silencio se desliza
escondiendo el poderío
en el envoltorio frío
del miedo, que lo esclaviza.

Hay quien envidia hasta el gusto
en el paladar ajeno,
el efecto del veneno,
el relámpago del susto.
Envidia todo lo injusto,
el descanso de los ecos,
el hongo en los tallos secos,
y esconde con ansiedades
el agua de las maldades
en sus tinajas con huecos.

¿Cómo la envidia trabaja?
¿Me escondo en su personaje?
¡Qué extraño es ese brebaje
que en sus toneles se cuaja!
¿Patea, sonríe o faja?
¡Qué rara es esa señora!
Se viste como la aurora,
muestra luz, y sin embargo
su rocío es tan amargo
que los pétalos devora.

EN EL CUERPO DE LA IDEA

Las almas

Hay almas que son pureza
de amor reparando mundo,
como Juan Pablo Segundo,
como la madre Teresa,
que están vivas en su empresa.
Pero las almas que son
adictas a la traición
y a las sombras del enredo,
las tarántulas del miedo
les muerden el corazón.

Hay almas que no parecen
almas, porque es solo piel
lo que voltea el nivel
hacia donde se endurecen.
Pero los estudios crecen;
y más de un sabio pregona
que el alma de una persona
que a la eternidad se aferra;
sigue volviendo a la tierra
hasta que se perfecciona.

Está el alma de chiquillo
con sed de conocimiento,
que sonríe cuando el viento
juega con el romerillo.
Si el Sol con gesto amarillo
le hace piropos al agua,
pero con llanto jimagua
desluce su rostro bello,
si al río le duele el cuello
porque lo pateó una yagua.

¿Qué cosa será la vida?

¿Qué cosa será la vida
entre el vientre y el velorio?
¿Un galope transitorio
en un caballo suicida?
¿Es su senda indefinida
oscura o relampagueante?
O ¿será un puente colgante
hacia lo eterno, quizás
donde el que viene detrás
empuja al que va delante?

Cuando hay amor abundante
con el que la vida crece
el tiempo pasa y parece
que no pasa ni un instante.
En su burbuja flotante
rueda la felicidad,
pero si no hay libertad
hasta un segundo hace daño,
un día parece un año
y un año una eternidad.

La Lejanía

La lejanía es el eco
de una maraca distante,
o tal vez es el pujante
quejido de un tronco seco.
Vamos a ver, no es un hueco
un vacío ni una loma,
puede ser una paloma
que en las sombras se debate,
que no hay llanto que la mate
ni olvido que se la coma.

No es bueno para la copa
que se halle lejos el ron,
ni le conviene al tizón
estar lejos de la estopa.
No es bueno para la ropa
estar lejos de la piel,
y sin embargo la hiel
llora cuando ve un panal,
porque un corazón de sal
muere cuando le echan miel.

El día que se me fueron
los pasos en un avión
las palmas del callejón
parece que no me vieron.
Pero desde que advirtieron
que se fue la poesía
que a sus racimos subía
refrescante como el agua,
parecen gritos de yagua
rajando la lejanía.

La Conciencia

Conciencia; ¿qué cosa eres?
¿Dónde estás? ¿Cómo te llamas?
Si no siento que me amas,
¿por qué dices que me quieres?
A lo mejor si te mueres,
aunque no te conocí,
la esencia, ni la sentí,
en tiempo que nadie alegra
me vuelva una estatua negra
llorando nieve, por ti.

Déjame mirarte serio,
el origen que se adorna
con el vuelo que retorna
morado por el misterio.
¿Serás lo de otro hemisferio
galáctico, en esta edad?
¿Lo neutro en la gravedad?
¿El símbolo del control?
O ¿una paloma de sol
posada en la oscuridad?

Robertico García Lajero

Cabuya

Aunque de cualquier manera
el hombre vivir prefiere
sólo alcanza cuando muere
la libertad verdadera.
Una prisión es cualquiera
atadura cotidiana;
en esta expresión humana
de carne con sentimiento,
nadie es libre como el viento
y el color de la mañana.

Aunque no ve la prisión
de madejas apacibles,
¿cuántos hilos invisibles
controlan su dirección?
La paz en cualquier rincón
le guiña un ojo, lo engaña,
lo que lo alumbra lo empaña,
lo controlan, lo liberan,
como si lo persiguieran,
cavilaciones de araña.

Carne rítmica

¡Ay... que piel tan ajustada!
¿Qué ritmo de tela y piel
de que música de miel
son esas notas? ¡Ay...nada!
¿Piel melodiosa, endulzada,
será una alucinación?
Pero vuelve la canción,
y me grita el lado izquierdo:
¡Silencio, que es un recuerdo
paseando en tu corazón!

Robertico García Lajero

Niña de amor guajiro

Amor Guajiro, el amor
Guajiro se me refleja
en un zumbido de abeja
que sueña con una flor.
En el viento estibador
de fiesta con tomeguín,
perfumado de jazmín
donde la tarde presume,
los tirantes de perfume
de la niña del jardín.

Pasa la niña del bien...
La besa el viento, la engríe...
La tarde que se sonríe:
¡Es una niña también!
Juegan, se abrazan, se ven
tan juntas, las ve la luna
con inocencia montuna...
los cabellos se les riegan,
y ahora parece que juegan
tres niñas en vez de una.

Tres niñas... y una corona
celeste, luz, movimiento,
danza, en la suiza del viento
ni un átomo desentona...
Tres... dos... una... -se arrincona-
la noche, hay sueño de estrellas;
son tres, las tres son tan bellas;
la nube se abre el corpiño..
y el sol baja como un niño
rubio y se abraza con ellas.

Máscara y Moneda

Los pasos por la vereda
esquivan la ruta fija...
indagan una cobija
sonámbula en la humareda.
En un misterio de seda
impalpable, sin edad,
se esconde la inmensidad,
y una esperanza de sol
le amansa con un farol
el lomo a la oscuridad.

Desde su capa de seda,
antropológicamente,
un hombre, acuña en la frente
la perfección que le queda.
El mundo, sangre y moneda
quiere domarlo en su ruedo...
y el coraje, -en el ¡yo puedo-!
que vigoriza la paz,
se regenera detrás
de las máscaras del miedo.

Hay dedos con algodones
de cálida travesura
que pasan por la ternura
como encrespando pezones.
Un disfraz de sensaciones
desmiente la carantoña
donde se oculta la roña
del mal; no lleva careta
el bien, que raja la prieta
intención de la ponzoña.

Vida y Muerte

Al vaivén de Dios rebrota
entre las manos del cielo
el espíritu modelo
de eternidad, no hay derrota
en la piel que se engarrota
de tiempo renovador...
y sudan el mismo amor
que de la vida se adueña,
el pico de la cigüeña
como el del enterrador.

El hombre sonríe y sueña
desde su nido de amor
con el pico estibador
de vida de la cigüeña.
La muerte es sólo la seña
de Dios que el camino aclara...
si el tiempo no caminara,
y el hombre no envejeciera
tampoco el niño naciera,
y la vida se estancara.

El Tiempo

El tiempo pasa de prisa,
y al hombre de santo gozo
el abrazo luminoso
de la muerte lo eterniza.
No hay misterio en la ceniza
tras el vuelo hacia lo puro...
supera el trayecto oscuro,
lo incierto se torna fiesta
de paz, al rozar la cresta
de los montes del futuro.

Robertico García Lajero

El celeste barco

La vida es una canoa
rodeada de tentaciones,
rugiendo como ciclones
que tienen hambre de boa.
Y si no enrumba la proa
hacia el puerto de Jehová,
no sabe por dónde va
ciega de espíritu cojo,
náufrago que pierde el ojo
del faro del más allá.

Voy remando en un madero
que no es barco todavía...
pero tengo fe que un día
me llevará a donde quiero.
Tormentas de rostro fiero,
de morderme tratarán...
pero en Santísimo afán
mañana, en celestes huellas
los ojos de las estrellas
eufóricos me verán.

Cuando el hombre hacia la orilla
del tiempo navega en pos,
el espíritu de Dios
lleva sentado en la quilla.
Donde un remo se le astilla
y ronca la tempestad,
se envuelve en serenidad,
y el alma como regalo
flota en el cuello del palo
mayor de la eternidad.

El barco en la inmensidad
del mar, desprecia la orilla,
cuando le besan la quilla
vientos de serenidad.
Pero si la tempestad
lo estruja de una cornada,
envuelto en la marejada
va su estatura meciendo,
y avanza como rompiendo
peñascos de agua enojada.

Mi barco de rostro serio
danza sobre los resabios
de un mar de espejos con labios
de enrarecido criterio.
Los piratas del misterio
sueñan rajarle la piel...
pero al presagiar la cruel
embestida del horror,
lleva un pedro pescador
de hombres, como timonel.

Yo a veces soy un marino
que me inundo las ideas
cuando suben las mareas
del idioma cervantino.
Si el pulpo del remolino
me retorciera el talento...
entre el oleaje violento
que me destroza la quilla,
llego nadando a la orilla
del mar del conocimiento.

El Toro y el Torero

Hay locura en la bravura
con baba del toro fiero,
en los ojos del torero
también faja la locura.
Sable y cuernos ¡Qué tortura
para los ojos del bien!,
y los que aplaudiendo ven
la sangre, que moja al coro,
están más locos que el toro,
y que el torero también.

Gritos de Arenas, son dos
animales... las bravatas
del que lucha en cuatro patas
surgen huérfanas de Dios.
Cuernos al aire, la tos
del sable indaga en lo incierto...
Huye la fe de lo experto,
la sangre que aullando ven,
la arena no sabe bien
si es del toro... ¿ quién ha muerto?

Robertico García Lajero

Están de frente, sudados,
y un enjambre de preguntas
le da vueltas a las puntas
a unos cuernos afilados.
Puntos banderilleados
sudan muecas escarlatas,
y entre el te mato o me matas,
que el público envalentona,
surge la muerte en persona,
y se le aflojan las patas.

El toro escarba, y no sabe,
entre lo fiero y lo bruto,
que puede que un minuto
la existencia se le acabe.
Deja que el viento le lave
lo ardiente del rojo brote,
ignorando ante el azote
del que eleva regio el brazo,
que le entrará de un sablazo
la muerte por el cogote.

A veces la plaza calla
cuando en la cruenta faena,
se confunde con la arena
la sangre de la batalla.
Y al toro que se desmaya
sobre el polvo ensangrentado
de un ojo semicerrado
le sale una lucecilla,
que entra como banderilla
en el trapo colorado.

El escándalo del coro,
el erótico ritual
del torero, lo animal
se ofusca dentro del toro.
Nace un bramido incoloro
decorando el salvajismo
dantesco del surrealismo...
¡Qué fiesta de sangre aporta!
El derrotado no importa,
hubo un muerto y da lo mismo.

El mundo le queda chico
al toro de cría brava
cuando la sangre y la baba
le acorralan el hocico.
El coro es un abanico
eufórico, irracional,
y ya no sé si al final
de todo, ponerle el nombre
del espíritu del hombre,
al cuero del animal.

Voces de polvo y acero:
se elevan en espiral
los ojos del animal
y la danza del torero,
chocan, el filo y el cuero
discuten sus dimensiones,
y un ramo de cuajarones
en contra de la estocada,
deja la arena espigada
de pétalos bermellones.

Si el toro es el vencedor,
y con la suerte dialoga,
una familia se ahoga
bajo el peso del dolor.
No hay castigo ni rencor,
el vicio de sangre crece.
Y la muerte que amanece
y se acuesta, despiadada,
tiene lista la cornada
para el que se le atraviese.

Tanto riesgo por herirle,
tercamente ,hasta caer...
lo vi incorporarse ayer
chorreando miedo ¡hay que huirle!
Tal vez quería decirle
en su lengua al oponente
del ropaje reluciente:
-De estocadas ni me hables,
yo también tengo dos sables
jorobados en la frente.

El Pájaro

Me inspira su plan de vuelo
con pronóstico de clima
exacto, gobierna encima
de la inmensidad del cielo.
El aire como un pañuelo
nervioso se abre y se cierra,
y su bando, con la guerra
de pacificar las brumas
es la galaxia de plumas,
que baja y sube a la tierra.

Un pájaro planeador,
arriba, el vuelo contrae,
porque abajo lo distrae
la sonrisa de una flor.
Otro vuelo cazador
baja en su firme abanico,
y el monte luce más chico
cuando el águila imperial
se desenreda el bozal
de una culebra en el pico.

Me llama un revoloteo
de trinos, verde ramaje
en concierto, es un paisaje
musical, luz y solfeo.
Barítono, me recreo,
me endulzo, pienso mejor...
el aire tiene el olor
a eternidad de la fiesta...
el director de la orquesta
también es mi director.

Un pájaro se enamora,
novia tierna ha conseguido,
y juntos, sueñan un nido
de pasión encantadora.
Cantan, esperan la aurora
desde su lecho seguro..
y mientras a vuelo puro
cargan diminutos leños,
van intercambiando sueños
y planes para el futuro.

Un racimo de pichones
procura el manjar más rico,
después que a punta de pico
quiebra sus blancas prisiones.
En un lecho de algodones
empluma lento el futuro...
Y donde el pájaro oscuro
de la noche lo cobija,
la luna por la rendija
del tiempo lo ve maduro.

Un pájaro de ala prieta,
misterioso, precavido,
sabe proteger el nido
del dueño de la escopeta.
Vuela bordeando el planeta,
pero no sé si se asombra
sobre el lago que lo nombra
cuando reflejarlo sabe,
si piensa que es otra ave
o reconoce su sombra.

Un pájaro diminuto
ensortija el aire... verde
es la música que muerde
la atmósfera que disfruto.
El péndulo de aquel fruto
columpia otro tomeguín,
piano, guitarra, violín,
-minúsculos trovadores-
con melodías de olores
en la casa del jardín.

Canto y plumas; lejanía
musicalizando el ansia;
el rostro de la distancia,
y un lunar de melodía.
Pico abierto, la bahía
siente un ajetreo más;
el lance de un alcatraz
-ala que la ola empareja-,
traga un pez al vuelo, y deja
rastros de miedo detrás.

LA IMPROVISACIÓN

Repentismo

Repentismo es un viajero
con sed de noche infinita
que lleva la luna escrita
en el ala del sombrero.
Como a través de un lucero
el tiempo lo pastorea,
y cuando llega a una aldea
un río de admiradores
empieza a sacarle flores
del jolongo de la idea.

El Repentismo es un ala
que parece en el instante
que va corriendo delante
del silbido de una bala.
No se sí la luz lo cala
o su ropaje es de viento,
yo solo sé que al momento
al que menos se demora,
un remolino de aurora
le saca del pensamiento.

¿Qué cosa es el Repentismo?
¿Será una paloma suelta?
¿O es como el agua revuelta,
y el verso es un cataclismo?
No se sí será lo mismo
cantar o pensar después,
donde la idea es un pez
que con los sentidos choca,
o hacer salir por la boca
la dos cosas a la vez.

Los pies forzados

Sé del amor pasional
de olímpicas sensaciones,
en donde dos corazones
juegan a portarse mal.
En su trapecio carnal
desmienten la gravidez,
y uno de los dos después
se queda, al perder el juego,
flaco, sordo, extraño, ciego
y mudo a la misma vez.

En el cristal de los ríos
que se encogen y se estiran
hay ojos sueltos que miran
al cielo como los míos.
Bajo sus párpados fríos
la Luna se endiosa un rato,
porque el espejo beato
le hará una foto esta vez,
no con tanta palidez
como el último retrato.

Queda sediento el amor
que va y viene en una barca
mientras mantiene una charca
de besos alrededor.
El tiempo con el fulgor
de unos ojos desayuna
después que en la noche bruna
fue a llenar con mi recado,
el aire deshabitado
entre mi sol y tu luna.

En noches de primavera
cuando la lluvia persiste
el alma adentro se viste
con la música de afuera.
Beso y lluvia, miel y hoguera,
ritmo de dulce calor,
está lloviendo el amor
como te bebo y me alocas,
para esta fiesta de bocas
tus besos son el rumor.

Las manos blancas del cielo
al encontrarlo dormido
sin sueño y encanecido
se robaron a mi abuelo.
¡Qué inundación de pañuelo
y mal tiempo espiritual!
Pero dejó su caudal
de ejemplos, y cuando empieza
a llover, ya no hay tristeza,
hay música de cristal.

No a ver si puedo he venido,
sino porque estoy seguro
que voy a romper el muro
entre tu voz y el olvido.
Si de falso y de engreído
ni una molécula tengo,
y ante nada me detengo,
que nadie piense, ni dude,
que porque vine no pude,
sino porque puedo vengo.

Cuando miramos la vida
sin Dios -que es el que la ofrece-,
sentimos que se oscurece
de obstáculos su avenida.
El hombre es bestia suicida,
que a los abismos se lanza,
pero cuando al fin alcanza
una fe que lo gobierna,
descubre en La Paz Eterna
el color de la esperanza.

¡Sombra de azules encajes!
¿De quién será ese vestido?
¿Será de un ángel herido?
¿De un profesor de tatuajes?
¡Qué misterio de ropajes
vagando por la colina!
Se encharca la hierba fina
como si pechos desnudos
gotearan desde los mudos
balcones de la neblina.

Diez versos forjan tu amor,
pensamiento a pensamiento,
te vas ampliando en un lento
lenguaje acariciador...
Y más que el blanco fulgor
de la luna en la bahía,
y el fuego que me extasía
y me habla en los ojos tuyos,
por un gajo de cocuyos
te alumbra mi poesía.

Te alumbra mi poesía
como una lámpara suave
que te conoce, y quién sabe,
si ya es más tuya que mía
Con tu aroma de ambrosía
vuelve a mi bosque interior,
y con el mismo sabor
de un insomnio de guitarra,
si un piropo nos amarra,
diez versos forjan tu amor.

ACUARELAS

Colores

El azul y yo salimos
juntos a cazar poemas,
se nos escapan las gemas
pero igual nos divertimos.
Una tarde nos subimos
a la punta de una loma,
en donde ni la paloma
tenía más alto el vuelo,
y tampoco alcanzó el cielo
el pájaro del idioma.

Después a otra cordillera
me invitó el blanco a subir;
el negro quería ir,
¡yo le dije que no fuera!
Un garza mensajera
ungió mi blanco amuleto,
y cuando un pájaro prieto
salió detrás de otro muro,
me dije: ¿el color oscuro
me está faltando el respeto?

Luego el rojo me invitó
a hacer locuras extrañas...
y al color de las arañas
del techo no le gustó.
El amarillo brotó
de la humedad de la arena,
y con la voz Nazarena
del tiempo, se oyó¡¡ Un maldito!!
Un alma sorda, ante un grito
con ecos, ¿vale la pena?

Ahora en el verde vivo
el blanco del pantalón
y la paz del corazón
se aferran al mismo estribo.
Brindo frente a Dios y escribo...
Pero este color longevo
que me sabe a vino nuevo
y a esencia de campanilla,
debajo de la sombrilla
de las canas me lo bebo.

A veces cuando confundo
el aire de los colores
en el mapa de la flores
me luce más tierno el mundo.
Desde aquel verde profundo
me indaga un dulce pintón ...
Y el azul de la ilusión
brotando de una pupila
se confunde con el lila
de una estrella en formación.

...y el viento desde el Edén
sabios colores repara,
como si nos avisara,
que es daltónico también.
El piedra del terraplén
anda veteado de luna,
y hasta la abeja montuna,
-laborioso daltonismo-
de pronto, le da lo mismo
el malva, que el aceituna.

Entre todos los colores
no sé con cuál más me alegro;
¿las noches de blanco y negro,
o las auroras de flores?
El color de esos amores
¿dónde el alma se proyecta?
A mí solo me conecta
con el celeste-rosado
el blanco disciplinado
de una sonrisa perfecta.

La brisa explorando lomas
de esmeraldino fulgor
se me pone del color
del vuelo de las palomas.
Los tomeguines son comas
de amarilloso-violeta,
y cuando la tarde prieta
se adormece entre las flores
se aletargan los colores
en el alma del poeta.

¿Qué color tiene el chasquido
de un beso?, cuando es de amor,
debe tener el color
del sueño correspondido,
que es del color del vestido
del alma de la bondad.
Porque un beso sin edad
que se produce en un ser,
si es de amor, debe tener
matices de eternidad.

¿Qué color tiene la muerte?
Es de un color pasajero...
Al cruzar por el lindero
de la vida, el tono suerte
de la esperanza, es tan fuerte...
porque en sus alrededores
no hay visillos de dolores
y sombras, no es el final,
es comienzo en el pañal
eterno de los colores.

¿Qué color tiene la imagen
de inusitados matices?
¿Y el vigor de la raíces
qué abono, para que cuajen
los girasoles y atajen
la palidez del sentido
neutro? ¿Para que el olvido
muera por la lengua verde
qué resucita y qué muerde
un tronco descolorido?

¿De qué color es el cuello
del pájaro del pensar?
¿Es cuando sale a volar
terco, musical o bello?
¿Qué color tiene el destello
de la palabra, en el hombro
artístico del asombro?
¿De qué color es el susto
de la sorpresa? ¿En el gusto
de la sonrisa que nombro?

Robertico García Lajero

¿De qué color es el eco
que araña la gravedad?
¿Y el tronco de la maldad
que retoña estando hueco
de frío? ¿El pardo es tan seco?
No sé; pero me pregunto,
¿qué color tiene ese punto
lejano que se me acerca
como una guitarra terca
que nadie le pone asunto?

Leonardo y yo, coloreando

Leonardo sabe que yo
puedo pintar un saludo
con el verde puntiagudo
de un gajo de quimbombó.
Que con el ojo punzó
del tiempo puedo captar,
y sentir, interactuar
con la primera sonrisa
de luna, suelta en la brisa
de la noche secular.

Leonardo sabe quién soy
cuando renazco en un lienzo,
ámbar místico, e intenso
como el malva que le doy.
Que pintando tierra voy
de embriones, de serios granos
sin ampollas en las manos
ni sombras en la mirada,
porque amanezca espigada
la memoria de los Llanos.

Leonardo sabe que empuño
un verso de negra brocha
frente a un farol que trasnocha
cabeceándole al terruño.
Que mi palabra es un cuño
celeste en la polvareda,
que hay timidez en la seda
de mi rústico vestuario,
si el sol del vocabulario
se derrama en la arboleda.

Tu color es del pincel
del arcoíris de Dios ...
Eterno, con una voz
pintada como el laurel.
Tu color, llama de miel
en las rayas del leopardo
y cuando moja Leonardo
tu caballete sonoro,
el verde se vuelve oro
y el oro se vuelve pardo.

Yo puedo

Yo puedo de una sonrisa
que habla todos los idiomas
hacerme blancas palomas
y soltarlas en la brisa.
Puedo hacerle una camisa
de milagros a la fe;
y si el bohío me ve
y el aroma le interpreto,
beberme el arroyo prieto
del colador del café.

Yo puedo decirle al hambre
del sol que se trague el brillo,
como un pájaro amarillo
que bosteza en el alambre.
Yo puedo con un estambre
de poesía tejer,
enaguas de atardecer,
y construirme otra clase
de constelación a base
de miradas de mujer.

Robertico García Lajero

Foto de hombre viejo

Se lame como un chacal
enfermo... Llagas tatuó
en el polvo... no siguió
un camino espiritual.
Y ¿cómo fue su final?
Como todos los malvados,
los ojos abotonados,
la mandíbula apretada
y el alma congestionada
por los errores pasados.

Paisaje

Siempre que la primavera
se lanza sobre el bajío
la punta loca del río
se mete por donde quiera.
El moño de la palmera
sensualmente se alborota,
y hasta la ceiba, devota
en sus rituales de lana,
ya no parece tan cana
con bucles de nube rota.

Requiebro silvestre

La tarde suda temblores
como una mujer con frío...
En hamacas de rocío
están dormidas las flores.
El negro de los fulgores
lame el cuello del barranco,
y la Luna desde el banco
donde espera que le cante,
me confirma que el semblante
de la eternidad es blanco.

Anda sencilla, normal,
pero hay algo que me avisa,
entre el paso y la sonrisa
que me la vuelve especial.
Su cadencia musical
se acurruca en mi latido
y su cabello mecido
por la frescura del viento,
me regala un movimiento
de pájaro agradecido.

Cuando se acaba la piel
siento que el alma engreída
halla otra forma de vida;
¿dónde?, ¿cómo?, ¿en qué nivel?
En el cutis del clavel
que perfuma la mañana
y en los poemas de lana
donde la brisa blanquea,
cuando la Ceiba gotea
sus emociones de cana.

LENTES
(el colorido, los contrastes, la inmensidad, la miniatura)

Pesquisoñando

Puedo pescar y creerme
que estoy sentado en un cielo
donde el agua sin anzuelo
se detuvo para verme.
Juntar la luz para hacerme
núcleos de comodidad,
y un aire de libertad
me vea, limpio manojo
cayéndome por el ojo
del pez de la eternidad.

Una Sonrisa

Punto de paz, línea franca
donde lo pulcro vigila,
nido de miel que destila
zunzunes de azúcar blanca.
El viento lleva en el anca
los fulgores de su encanto,
que conforman con su santo
remedio para las penas,
un concierto de azucenas
de una manigua de llanto.

Leve asomo de ternura
deslizándose en su cara,
como sí pronosticara,
un chubasco de blancura.
Música virgen, frescura
de nacimiento de río
que endulza el escalofrío,
que le conquista el semblante,
a la sonrisa goteante
de una espiga de rocío.

Robertico García Lajero

La Risa

La risa, llena de amor
que perfuma hasta el paisaje,
viene a ser como un ropaje
para vestir el dolor.
La risa es más que un fulgor
que latido adentro toca,
la risa que nos convoca
volviendo a decir que franca
es una bandera blanca
en el asta de la boca.

No hay risa frente a la fosa,
no ríe ni la ceniza,
mas también existe risa
irónica y contagiosa.
Una risa misteriosa
el aire no la disfruta,
y no sé si fue impoluta,
si fue irónica, o fue cruel,
la del filósofo aquel
que se tomó la cicuta.

Las voces de la madera

Por ahí viene arrasando
la fuerza de un remolino,
las palmas en el camino
parecen niñas llorando.
¡Es enorme! Grita Armando
ya preso en la ventolera,
y Juan que sentir espera
otra advertencia común,
es devorado por un
escándalo de madera.

Cimbran las palmeras flacas,
el ritmo es desordenado
con un tono atropellado
de mayúsculas maracas.
Desde las cumbres opacas
llegan celestes gemidos,
y entre los gajos torcidos
y los troncos disparejos,
sueltan los árboles viejos
el alma de los quejidos.

Robertico García Lajero

Casa de ayer

Amo la casa de otrora
que me acogió hasta que pudo;
creció el tiempo y a menudo
su música me enamora.
La luna es la espectadora
más tierna de su rendija;
vuelve el sonido que lija
su piel dura, poco a poco,
y el viento es un niño loco
retorciendo la cobija.

El Silencio

El silencio me emboscó
detrás de la caña brava
y el caballo que montaba
de gritos se me espantó.
El viento sabio llegó
al punto del altercado,
y como desconsolado
anda con gestos veloces
reconstruyendo mis voces
del silencio fracturado.

Entre Diana y Afrodita

Yo conozco una Afrodita
que apenas ser diosa quiere,
y cuando una flor se muere
a besos la resucita.
Sonríe mansa y me quita
la nostalgia que me azora,
y otras veces, me enamora
con voz de sagrado alivio
el rostro de lago tibio
de Diana la cazadora.

Vengo sentado

Yo también vengo sentado
en el balcón del futuro,
no sé cuál es el apuro
que traigo desde el pasado.
Un cielo premeditado
me despeja los desvíos,
y los celajes sombríos
con lenguas de luz quizás,
escandalizan detrás
de los vagones vacíos.

Granizos

Yo cuando siento el granizo
me da pena con las flores.
Qué desperdicio de olores
congelados, blanco hechizo.
Me canso, me cristalizo,
desde la niñez montuna
creía al ver la fortuna
pálida golpeando el suelo,
que los gigantes del cielo
estaban moliendo luna.

Voz de remolino

La voz experimentada
que no hay techo que le estorbe
en el alma que la absorbe
cae como una cascada
Y el viento de una estocada
deja muerta en el camino
esa voz de remolino
macabro, que de sorpresa
sale a cobrar una presa
desde de un corazón dañino.

Río y novia

Tengo un río fajador,
que al trancarlo en la tinaja
sigue creyendo que faja
y la cornada es de amor.
Lo amansa por el frescor
la muchacha del bajío,
y ya no sé,-siendo mío-,
si la soledad lo agobia,
o tiene sabor a novia
o la novia sabe a río.

Llamada

Mientras remiendo jardines
en este portal, me quedo
para que el casco del miedo
no roce los adoquines.
Hay que podarle las crines
al potro de los dolores,
si hay oídos interiores
que oyen la tensión del río,
y el estruendo del rocío
cayendo sobre las flores.

Musa

Cuando mi musa modela
y la convierto en rocío,
empieza a temblar de frío
hasta la misma candela.
Cuando un chiste la desvela
ríe con la madrugada
que se ve medio callada...
Pero sale de conquista
y en un grillo violinista
se inventa una carcajada.

Laúd y laudista

Antes de irte al consonante
tu laúd resplandeciente
parecía un inocente
con futuro en el semblante.
Y desde ese mismo instante
por abandonarlo así,
parecerá por ahí
con las melodías huecas,
un niño con doce muecas
llorando detrás de ti.

Hombre y guitarra

Un hombre y una guitarra
desnudan el sentimiento,
y la noche es un invento
de donde el placer se agarra.
Se confunden en la barra
las copas con el bemol..
y la poesía-sol
que la bohemia lo atrajo,
abre las alas debajo
de una cobija de alcohol.

El abuelo

"Furioso pero con miedo"
que se espantara la suerte,
y el caballo de la muerte
corriera solo en el ruedo,
alzó la frente y un puedo
lo cegó de valentía,
y el palmar que lo veía
para vendar al cacique
herido, donó un arique
roto, que se le caía.

Entre la palma y el río
que retratara su ejemplo
ayer levantó su templo
de guano el abuelo mío.
Coronado de rocío
fresco, como un rey vivía,
y su reino parecía
al reflejarse en el charco
un espejo con el marco
roto, que se le caía.

Tarde celosa

La tarde en celarme insiste...
¡Ojalá fuera en jarana!
Cuando me ve con Joanna
siento que se pone triste.
Salgo, le regalo un chiste
que entra a sus ojos brillando...
Y no sonríe soñando
con el fondo de mi sueño...
Calla y endurece un ceño
que era tan dulce, tan blando.

¿Será que está confundida?
Porque hemos dormido juntos
y conoce mis asuntos
más hondos, toda mi vida...
Debe ser, porque la herida
en los ojos del reclamo
la acapara tramo a tramo
su espíritu estremeciendo...
qué pena, no la comprendo,
pero sabe que la amo.

¿Será que ya no destaco
sus encantos en la fiesta
o qué tal vez le molesta
el humo de mi tabaco?
¿Que ha romancear no la saco,
sentados sobre la alfombra
verde? ¿Porque no la nombra
tanto mi rima, hay enojos?
¿Y Joanna con sus ojos
me da más dulce la sombra?

Ah ya sé, se nos voló
el papel por la ventana
de Roberto y de Joanna
casados, y lo leyó.
Estaba lloviendo y no
la pudimos invitar,
entre el viento y el tronar,
era una danza violenta
y ella con una tormenta
no cabía en el altar.

Ya por fin hice la fiesta
en el alma del paisaje,
entre el fino cortinaje
de la exclusiva Floresta.
Ella se acercó dispuesta,
en la frente me besó,
con Joanna se abrazó
y en sombra paradisíaca,
dormimos en una hamaca
la tarde Joanna y yo.

Niña testadura

Una niña testaruda
a veces mi rima es,
que suele rendir por diez
si no se le presta ayuda.
Se rompe la bata, suda,
salta, gime y patalea...
más si le pongo tarea
se me asoma bien vestida,
laboriosa y bendecida
por el cristal de la idea.

La Materia

Yo quiero que el Bien se aprecie
donde el alma buena está,
pero hay veces que me da
pena con mi propia especie.
Ojalá que me desprecie
el cielo si en terca prisa,
un día se me desliza
el odio por cada arteria,
si al final es la materia
polvo, misterio y ceniza.

El Espíritu

El espíritu es lo puro
que va de Dios al encuentro,
y con la parte de adentro
hay planes para el futuro.
Por eso vivo seguro
a mi realidad sujeto,
que cuando me quede quieto
y me borren de este clima,
le volaré por encima
al calcio de mi esqueleto.

La Existencia

El poeta que analiza
la existencia antes que muera,
quiere hallar una manera
de volver de la ceniza.
Su voz se materializa
y en su misterioso juego,
tal vez vuelva, desde luego,
repoblando lo vacío,
en el polvo, el rocío,
en el aire o en el fuego.

Hombre de Poesía

El hombre en la Poesía,
contra todo lo infecundo,
trata de arreglar el mundo
en una eterna porfía.
Bendita filosofía,
aunque dicen los estetas,
que el alma de los poetas
tiene rincones vacíos,
misteriosos y sombríos
como espacios y planetas.

Código de Vida

El código de la vida
nos dice con una ojeada
que a todo lo que hace entrada
hay que encontrarle salida.
Pero el alma bendecida
cuando logra la virtud
de zafarse del alud
terco de los almanaques,
del tronco de los achaques
ve retoñar la salud.

Nacer de poeta

Mi poeta que nació
entre la espiga y el agua,
el monasterio de yagua
de la humildad, lo graduó.
Pero desde que sintió
que lo sencillo es profundo,
y que el ego nauseabundo
es una herida sin venda,
le da una pena tremenda
con la soberbia del mundo.

Esa, la niña

La niña que yo te digo
se burla de mi criterio
y cuando me pongo serio,
se pone brava conmigo.
Sonríe cuando le sigo
la corriente y jaraneo,
pero cuando ve lo feo
del mundo, en vez de reír,
piensa que se va a morir
de vergüenza, y se lo creo.

A veces me ve cansado
y me endulza los enojos
cuando se peina en mis ojos
de lucero despeinado.
Yo aprendo con su recado
virgen, ingenuo, fecundo,
si hasta el sabio más profundo,
el que más crea y medita,
con la inocencia infinita
de los niños, cambia el mundo.

Niña que busca un pedazo
de mar por una ventana.,
cuando una estrella lejana
mueve la punta de un brazo.
El agua, la luz, un trazo
de gaviota, una escritura
de alas, es literatura
silvestre, espuma y arena,
y un corazón que se llena
con oleajes de ternura.

Senda

Observando el argumento
que brota de algún sentido
el camino reducido
nos amplía el sentimiento.
No dejo en ningún momento
de seguir por ese estrato,
porque al viajero sensato
para todos los senderos
se hacen las piedras luceros
en la punta del zapato.

El Eco

El eco es la copia fría
de la voz original,
el negativo espectral
del sonido en melodía.
Cuerpo atonal que desvía
el pecho de una mampara,
que zigzaguea, se para,
se arrodilla, se acongoja,
y tiembla como una hoja
que el silencio se tragara.

Desde el tronco del ciruelo
que mira hacia mi portal,
el pájaro inmaterial
del eco levanta el vuelo.
Sonámbulo ritornelo
de otro concierto sin claves.
En los oscuros enclaves
de un paisaje nebuloso,
su graznido misterioso
confunde a las otras aves.

Un eco que tiene vida,
es la palabra sagrada
que se multiplica en cada
corazón donde se anida.
El mundo oyó en la subida
-obra eterna de Jesús-,
como canciones de luz
en la memoria del viento
los ecos de sufrimiento,
de los clavos de la Cruz.

Por donde el eco ha caído
la imagen de la neblina
se sorprende, y se le arruina
el relieve del vestido.
Unas gotas de sonido
filtran el espacio hueco
del árbol de rostro seco,
y un remolino callado
es un pájaro asustado
que roba el collar del eco.

El eco es de voz antigua;
Dialecto, de vibración
especie de percusión
del tambor de la manigua.
Un llamado que atestigua
que hay vida no muy distante,
donde el viento parpadeante
bajo la sombra del mito
sale amplificando el grito,
para que el silencio cante.

Jesús Orta Ruíz

El indio sol del Caribe
que se injertó con la aurora,
en la voz continuadora
de sus resplandores vive.
Cada vez que un niño escribe,
como me pasara a mí,
siente lo que yo sentí,
en las letras del cuaderno
le brota el sabor eterno
del alma de Naborí.

Cuando le cantaba al viento
lo ponía a sonreír,
a meditar y a decir
que sudaba sentimiento.
Acróbata del talento
meciéndose en otra idea
de la palabra febea,
donde la gloria lo sabe
vestido de lirio suave
y pájaro que aletea.

Debe andar en el rocío
de la tarde o en los pianos
que no necesitan manos
de los conciertos del río.
Poblado sobre el vacío
de los astros, en el anca
de la luz, por la barranca
del cielo va en un corcel,
mientras la luna sobre él
parece de azúcar blanca.

Fin.

ÍNDICE

Este libro se editó por amor a la Poesía, en el mes de julio de 2018,
en Miami, Florida,
Estados Unidos de América.

Asociación
Literaria
Alfonso
Camín

Made in the USA
Columbia, SC
14 October 2018